Ulrike Strätling

Ist denn heute Sonntag?

www.JoyEdition.de

Ulrike Strätling

Ist denn heute Sonntag?

Geschichten zum Vorlesen in der Seniorenrunde

Impressum

Autorin
Ulrike Strätling

Verlag
Joy Edition – Buchverlag, E-Books and more...
D-71296 Heimsheim, www.joyedition.de

Druck
Printsystem GmbH
D-71296 Heimsheim, www.printsystem.de

Buchgestaltung
Grafik- und Designstudio
der Printsystem GmbH

1. Auflage, Juni 2017

Der Umwelt zuliebe gedruckt
auf umweltfreundlichem, chlor- und säurefrei
gebleichtem Papier.

ISBN 978-3-945833-73-5

Inhalt

Oh, diese Langeweile

Tagaus, tagein saß Herr Wenzel am Wohnzimmerfenster. Tagaus, tagein schaute er aus dem Wohnzimmerfenster hinaus auf die Straße. Herr Wenzel war seit einigen Monaten Rentner und litt nun an Langeweile. Er wusste nichts Nützliches mit seiner freien Zeit anzufangen. Ständig seufzte er und stöhnte. An jedem neuen Tag klagte er: „Ach, ist das langweilig!“ Oder er sagte: „Oh, diese schreckliche Langeweile.“ Manchmal jammerte er: „Wenn mir bloß was einfiele, um die Langeweile zu vertreiben.“ Und so vergingen die Tage. Es waren lange Tage voller Langeweile.

Dann kam der Winter. Klirrende Kälte und strenger Frost waren ins Land gezogen. Herr Wenzel beobachtete die Menschen, wie sie bibbernd vor Kälte durch die Straßen liefen. Eines Morgens lag die Straße unter einer dicken Schneedecke. Es hatte in der Nacht ordentlich geschneit. Alle Gehwege und Vorgärten waren zugeschneit. Herr Wenzel schaute wie immer aus dem Wohnzimmerfenster. Er sah, wie sein Nachbar aus dem Haus kam und durch den Schnee stapfte. Er lief auf ein zugeschneites Auto zu. Mit einem Handfeger begann der Nachbar, ein Auto vom Schnee zu befreien. Das war gar nicht so einfach, denn die Hände wurden kalt. Der Nachbar plagte sich redlich ab. Endlich gibt es mal was Interessantes zu sehen, dachte Herr Wenzel. Stück für Stück kam das Auto zum Vorschein.

Doch plötzlich wurde es Herrn Wenzel mulmig in der Magengegend. Oh nein, das war doch sein Auto, das da auf dem Parkplatz langsam zum Vorschein kam. Sein blauer Opel. Der Nachbar fegte gerade die Motorhaube frei. Nun war sich Herr Wenzel sicher, es war sein Auto. Da hielt es ihn nicht länger am Fenster. Er schnappte sich auch einen Handfeger und eilte hinaus. „Stopp, halt nicht weiterfegen! Das ist mein Auto!“, rief er dem Nachbarn zu. Der Nachbar hielt erschrocken inne und meinte: „Oje, auch das noch!“

„Ich helfe Ihnen“, meinte Herr Wenzel. Gemeinsam fegten sie nun das Auto des Nachbarn vom Schnee frei. Dabei fragte der Nachbar Herrn Wenzel: „Spielen Sie Schach?“

„Ja, sehr gerne sogar“, antwortete Herr Wenzel erstaunt.

„Dann schlage ich vor, wir treffen uns heute Abend auf eine Partie bei mir. Sagen wir um sechs Uhr?“, schlug der Nachbar vor.

„Ich freue mich darauf“, sagte Herr Wenzel. Als er wieder ins Haus ging, dachte er, man muss nur mal vor die Tür gehen und mit dem Nachbarn reden. Dann ist es auch mit der Langeweile vorbei.

Wenn die Sonne scheint

Ein jeder freut sich, wenn die Sonne scheint. Nicht zu heiß natürlich, sondern angenehm warm. Dann erwacht die Natur. Es grünt und blüht überall. Die Bäume strecken ihre Äste der Sonne entgegen, damit die Blätter genug Sonne bekommen. Alles wächst, Blüten entfalten sich und duften süß. Wenn die Sonne scheint, werden auch die Tiere munter. Die Vögel zwitschern Hochzeitslieder, die Bienen summen umher, die Käfer surren und brummen. Hasen hoppeln fröhlich über die Wiesen. Scheue Rehe wärmen sich im Sonnenschein.

Wenn die Sonne scheint, freuen sich auch die Menschen. Beim warmen Sonnenschein und in luftiger Kleidung macht ein Spaziergang doppelt so viel Spaß. Auch Frau Knispel war gut gelaunt. In ihrem schicken Frühjahrskostüm schlenderte sie die Straße entlang. Ihr Ziel war ein nettes kleines Café. Seit einigen Jahren war sie Witwe. Frau Knispel war das Alleinsein satt und wünschte sich einen lieben Freund. Einen netten Mann in ihrem Alter, mit dem sie ihre Freizeit verbringen konnte. Und so hoffte sie, an diesem schönen Tag vielleicht einem lieben Mann zu begegnen.

Im Café bestellte sie sich Kaffee und ein Stück Frankfurter Kranz. Vorsichtig sah sie sich um. Doch bald schon stellte sie mit Schrecken fest, dass der einzige Mann in ihrem Alter bereits mit zwei Damen zusammensaß. Dem konnte sie wohl keine schönen Augen machen. Schade, denn er sah sehr gut aus. Und wie er lacht und wie seine Augen dabei leuchten. Ja, der wäre genau nach meinem Geschmack, dachte Frau Knispel. Sie konnte ihren Blick nicht mehr von diesem Mann abwenden. Sie aß ihren Frankfurter Kranz und starrte dabei den gutaussehenden Herrn an. Und plötzlich trafen sich ihre Blicke. Nun schaute der Herr auch Frau Knispel an. Und auch er konnte seinen Blick nicht mehr von ihr abwenden. Frau Knispels Wangen röteten sich. Sie wurde nervös, es war ihr peinlich und sie senkte den Blick.

Da stand der Herr auf. Frau Knispel traute sich nicht hinzugucken. Doch sie merkte, dass er direkt auf ihren Tisch zukam. Frau Knispel bekam weiche Knie. Das Stückchen Frankfurter Kranz fiel von der Gabel. Ihre Hand zitterte. Der Herr stellte sich vor und fragte, ob noch Platz wäre am Tisch.

„Ja“, hauchte Frau Knispel, und schon saß der gut aussehende Mann bei ihr. Warum lässt er die beiden Damen alleine, die mit ihm am Tisch saßen?, fragte sich Frau Knispel.

Eine Stunde später verließ Frau Knispel gut gelaunt und so glücklich wie seit Langem nicht mehr das Café. Sie hatte einen Freund gefunden. Eine Verabredung für den nächsten Tag gab es auch schon. Und die beiden Damen? Das waren seine Schwestern. Die freuten sich nun, dass er so gut unter die Haube gekommen war. Ja, so ist das, wenn die Sonne scheint. Alles hat ein gutes Ende.

Der hungrige Bauer

Es war ein langer Tag gewesen. Der Bauer kam müde von der vielen Arbeit nach Hause. Von morgens früh um fünf Uhr bis abends um sechs war er auf den Beinen gewesen. Er hatte die Kühe gemolken, das Heu auf der großen Wiese gewendet, den Stall ausgemistet, die Hühner gefüttert und die Schweine versorgt. Nun war er verschwitzt und hungrig. Sehr, sehr hungrig!

In der Vorratskammer hingen mehrere duftende Fleischwurstkringel und andere leckere Sachen. Der Bauer nahm sich einen Fleischwurstkringel vom Haken und aß ihn auf. Doch er wurde nicht satt davon. Er hatte immer noch großen Hunger. So nahm er sich noch einen Fleischwurstkringel und aß auch den auf. Doch der Bauer war immer noch nicht satt. Harte Arbeit macht eben sehr hungrig. Darum nahm er sich noch einen Fleischwurstkringel. Aber auch dieser dritte Wurstkringel sättigte den Bauern nicht. Sein Bauch knurrte immer noch laut und kräftig.

So ging der Bauer noch einmal in die Vorratskammer. Diesmal suchte er sich ein kleines Brühwürstchen aus. Kaum hatte er das Würstchen gegessen, da war er satt. Pappsatt! Zufrieden strich er sich über den dicken Bauch. Doch plötzlich schlug er sich mit der Hand vor den Kopf und sagte: „Was bin ich doch für ein Narr. Ich hätte mit dem kleinen Würstchen anfangen sollen. Dann wäre ich gleich satt gewesen und die Fleischwurstkringel würden noch in der Kammer hängen. Wie dumm ich doch bin!"

Urlaub im Garten

Seit fünfunddreißig Jahren waren Reinhard und Anne verheiratet. Und in all diesen Jahren waren sie nicht ein einziges Mal in den Urlaub gefahren. Warum? Reinhard war ein Geizkragen. Jedes Jahr passierte dasselbe.

Immer wenn Anne fragte: „Fahren wir denn in diesem Jahr mal in Urlaub?“, sagte Reinhard: „Was das kostet! Besser nicht, wir bleiben zu Hause.“ Damit war das Thema erledigt. Doch Anne gab nicht auf.

Im letzten Jahr bestand sie hartnäckig auf einem gemeinsamen Urlaub. Sie lag Reinhard täglich in den Ohren, bis er nachgab und sagte: „Also gut. Machen wir Urlaub!“

Anne freute sich und fragte: „Wohin fahren wir oder soll ich uns etwas aussuchen?“

Reinhard meinte: „Wir werden Urlaub im Garten machen. Das ist nicht so kostspielig.“

„Wie soll das denn gehen?“, fragte Anne entsetzt.

„Wir werden zelten“, war die Antwort. Dann verschwand Reinhard im Keller. Wenig später erschien er mit einem zusammengerollten Zelt. Es war ein grünes, sehr altes und kleines Zelt. Damit verschwand Reinhard im Garten, um es aufzubauen. Als er fertig war, rief er nach Anne. Misstrauisch betrachtete Anne das Zelt. Es hatte Löcher und war wackelig.

„Hole mal bitte die Luftmatratzen“, sagte Reinhard.

Anne holte die Luftmatratzen. „Aufblasen!“, befahl Reinhard. Anne blies die Luftmatratzen auf. „Jetzt habe ich Hunger, ich muss mich stärken“, meinte Reinhard, „Hole mir doch etwas zu Essen. Ach ja, eine schöne Tasse Kaffee möchte ich auch.“

Anne war sprachlos. Das sollte Urlaub sein? Sie rannte sich hier die Hacken ab und Reinhard wollte sich stärken. Sie hätte sich auch gerne mal an einen gedeckten Tisch gesetzt. Wanderungen in der Natur gemacht oder sich in ein nettes Café gesetzt.

Am Abend, als die Sonne unterging, saßen die beiden vor dem Zelt. Es gab Kartoffelsalat und kalte Würstchen. Danach legten sie sich zum Schlafen auf die Luftmatratzen. Reinhard meinte zufrieden: „Der Urlaub hat begonnen und war bisher gar nicht teuer.“

Eine Viertelstunde später kam Wind auf. Das Zelt wackelte ein wenig. Eine halbe Stunde später wurde der Wind stärker und rüttelte heftig an dem Zelt. Eine Stunde später flog das Zelt weg. Nun lagen Anne und Reinhard im Freien.

Da sagte Reinhard: „Sieh es mal so ... jetzt haben wir einen kostenlosen Blick in die Sterne.“

„In die Wolken meinst du wohl. Den Blick kannst du alleine genießen. Gleich wird es regnen, ich gehe rein. Und außerdem habe ich von dieser Art Urlaub die Nase voll!“, schimpfte Anne und verschwand. Die ersten Regentropfen fielen.

Da lag Reinhard nun alleine und brummte: „War wohl doch keine so gute Idee, den Urlaub in den Garten zu verlegen. Ich werde morgen mal ins Reisebüro gehen. Sparen am verkehrten Ende bringt nichts.“ Dann lief auch er schnell ins Haus.

Eine schöne Erinnerung

Emma saß gemütlich auf dem Sofa und schaute sich ein Fotoalbum an. Jedes einzelne Foto weckte schöne Erinnerungen. Emma lächelte und strich manchmal sanft mit den Fingern über ein Bild. Geradeso, als würde sie spüren, was da zu sehen ist. Es gab aber auch Bilder, die sie wehmütig stimmten. Oder Bilder, bei denen sie sich ärgerte. Doch alles lag schon viele, viele Jahre zurück. Die Kindheit und die Jugend gab es nur noch auf Fotos.

Plötzlich musste Emma laut lachen. Sie schaute auf ein Bild, wie sie als kleines Mädchen vor ihrem Kaufladen stand. Ihre blonden Haare waren zu Zöpfen geflochten. Auf der Kaufladentheke saß ein Kasper. Und zu ihren Füßen saß Purzel der Hund. Da fiel Emma eine Geschichte ein, die damals als sie noch ein kleines Kind war, passierte.

Jeden Tag spielte Emma mit ihrem Kaufladen. Sie war sieben Jahre alt und sie spielte eine Verkäuferin. Der Kasper durfte ihr helfen. Purzel der Hund war der Einkäufer. Sie packte die Sachen immer in ein Einkaufsnetz und Purzel durfte das Netz nach Hause tragen. Purzel war so ein braver und niedlicher

Hund. In Emmas Kaufladen gab es Wurst aus Marzipan. Das gefiel Purzel und ihm lief das Wasser im Maul zusammen.

Wenn es sieben Uhr am Abend war, musste Emma ins Bett. Dann saß der Kasper auf der Ladentheke und Purzel lag in seinem Körbchen. Eines Abends, Emma erinnerte sich noch genau, da schlich Purzel zum Kaufladen. Er wollte die Marzipanwurst stibitzen. Bei dem Versuch, an die Wurst zu gelangen, stieß er gegen den Kasper. Der wankte und wackelte und fiel dann schließlich herunter. Bauz, schlug dem Purzel der schwere Kasperkopf auf die Nase. Purzel rannte so schnell er konnte in sein Körbchen zurück. Nie wieder wollte er Wurst stibitzen.

Emma hatte damals sehr lachen müssen. Genauso herzlich wie an dem Tag, als sie das Foto sah. Wie sie vor dem Kaufladen steht, der Kasper auf der Theke liegt und Purzel zu ihren Füßen sitzt. Das war eine schöne Erinnerung, dachte Emma. Wie gut, dass es Fotos gibt!

Hula-hoop

In jenem Sommer, vor einigen Jahren, spielten die Mädchen auf der Straße mit Hula-hoop-Reifen. Sie schwangen und drehten sie auf ihren Hüften. Wer es konnte, auch am Hals oder an den Oberschenkeln und an den Knien. Frau Lammersfeld stand oft am Küchenfenster und schaute den Mädchen zu.

Nun hatte es sich seinerzeit in der Damenwelt schnell herumgesprochen, dass diese Hula-hoop-Reifen überflüssige Pfunde am Bauch verschwinden lassen. Aber nicht nur das, auch die Beine und der Po würden davon profitieren. Man sagte, dass diese Übungen ein guter Sport wären. Leicht wäre es auch. Und es sah auch noch hübsch aus, wenn die bunten Reifen sich um den Bauch drehten. So beschloss Frau Lammersfeld, in die Stadt zu gehen, um sich auch einen Hula-hoop-Reifen zu kaufen. Auch sie wollte ihren Pölsterchen auf den Hüften zu Leibe rücken.

Gesagt, getan! Noch am gleichen Nachmittag besaß sie einen solchen bunten Reifen. Er war rot und hatte blaue Streifen. Schnell räumte Frau Lammersfeld sich im Wohnzimmer ein wenig Platz. Den brauchte man schon, wenn der Reifen sich ordentlich um den Bauch drehen sollte. Frau Lammersfeld war so weit und stellte sich in die Mitte des Zimmers. Sie stülpte den Reifen über den Kopf, bis zum Bauch. So und jetzt Schwung! Ihre Hüften schwangen nach rechts und links, der Bauch wackelte, doch der Reifen fiel platsch auf den Boden. Noch einmal. Sie hob den Reifen bis zum Bauch und gab erneut Schwung. Die gut gepolsterten Hüften wackelten. Der Reifen drehte sich einmal um den Bauch, dann landete er platsch am Boden. Nanu! Es ist wohl doch nicht so einfach. Auch ein dritter Versuch ging schief. Inzwischen war es Kaffeezeit. Frau Lammersfeld hatte das Gefühl, dass Sport ganz schön Appetit macht. Also erst mal zum Kühlschrank. Dort lag noch ein Stück Buttercremetorte. Dazu ein schneller Nescafé und Frau Lammersfeld war zufrieden.

„Zu viel Sport ist auch nicht gut, man soll ja nichts übertreiben“, sagte sie, „Und außerdem ist morgen auch noch ein Tag zum Hula-hoop üben. Schließlich ist noch kein Meister vom Himmel gefallen!“

Ich will heute Fisch essen

Es war Montagmorgen. Adele reckte und streckte sich in ihrem Bett, dann stand sie auf. Die Frühlingssonne schien von einem strahlend blauen Himmel herab. Adele freute sich über diesen wunderschönen Tag. Nachdem sie gelüftet hatte, brühte sie sich einen frischen Kaffee auf. Mmh, wie das duftete! Zu dem Kaffee aß sie eine Scheibe Stuten mit Butter. Adele überlegte, was sie sich zum Mittag kochen könnte. Fisch wäre gut! Seelachs mit Senfsoße und Salzkartoffeln. Eine ausgezeichnete Idee. Doch heute am Montag war kein Markt, und den gefrorenen Fisch aus dem Supermarkt wollte Adele nicht. So fuhr Adele mit der Straßenbahn in die nächste größere Stadt. Dort gab es ein Fischgeschäft. Sie hatte schon öfter dort gekauft. Der Fisch war frisch und lecker.

Die Fahrt in der Straßenbahn dauerte zwanzig Minuten. Zuerst fuhr die Straßenbahn durch die Stadt, dann ging es vorbei an Feldern und Wiesen, rechts lag ein Schwimmbad, links standen einige Bauernhäuser und schon war sie am Ziel. Adele stieg aus und schlug den Weg zum Fischgeschäft ein. Schon von Weitem war das Schild zu erkennen. „Meiers frischer Fisch auf Ihren Mittagstisch“. Herrlich! Hoffentlich war es nicht so voll im Geschäft. Adele ging etwas schneller. Dann stand sie vor dem Geschäft. Alles war dunkel, kein Mensch war im Geschäft. Adele drückte die Klinke herunter, die Tür war zu. Sie las das Schild „Montags geschlossen“. Adele stöhnte: „Oh nein! Was jetzt? Ich will heute Fisch essen.“

Da kam ihr eine Idee.

In der Nähe gab es ein großes Kaufhaus. In diesem Kaufhaus gab es ein Restaurant. Inzwischen hatte sie auch Hunger. So eilte sie zu dem Kaufhaus und setzte sich in das Restaurant. Adele studierte die Speisekarte und stieß nach einer Weile ein freudiges „Ja“ hervor. Es gab Fisch! Und so aß Adele an diesem Montagmittag Fischstäbchen mit Kartoffelsalat. Adele war zufrieden. Sie dachte: Es muss ja nicht immer Kaviar sein.

Heute laufe ich barfuß

Berthold klappte zufrieden die Tageszeitung zu. Er sah ein wenig nachdenklich aus. Nach einer Weile lächelte er verschmitzt und sagte zu seiner Frau: „Heute laufe ich mal barfuß.“

Seine Frau schaute ihn verständnislos an und meinte: „Wie barfuß? Wie meinst du das?“ Berthold grinste schelmisch und sagte: „Barfuß laufen ist gesund. Das habe ich gerade in der Zeitung gelesen. Man soll ruhig öfter mal auf den nackten Fußsohlen gehen. Das unterstützt die Durchblutung.“

„Und das willst du heute machen?“, fragte seine Frau.

„Ja, und zwar den ganzen Tag“, antwortete Berthold. Eifrig zog er sich die Hausschuhe und die dunkelblauen Socken aus. „Aaah, das tut gut“, stellte er fest und wackelte vergnügt mit den Zehen. Seine Frau riet ihm zu größter Vorsicht, er solle mal gut aufpassen, wo er hintritt. Berthold lief durch die Küche. Die nackten Fußsohlen klatschten auf dem Linoleumboden. Plötzlich blieb er stehen. Was war das? Es piekte an den Fußsohlen. Aha, Krümel!

„Du musst mal den Küchenfußboden fegen“, meinte er. Dann zog er sich eine Jacke an und setzte sich den Hut auf.

„Wo willst du hin?“, fragte seine Frau neugierig.

„Zum Kiosk. Ich will mir ein Päckchen Tabak kaufen.“

„Barfuß?“

„Ja, barfuß!“ Bertold ging los.

Es war schon ein merkwürdiges Gefühl, ohne Schuhe auf der Straße zu laufen. Die Straße war hart und kühl. Es war Herbst und überall lag feuchtes Laub. Aber es war ja nicht so weit bis zum Kiosk. Er konnte ihn schon sehen, und Berthold winkte dem Verkäufer fröhlich zu. Dann ging alles ganz schnell. Berthold trat in etwas Glitschiges und sehr Kaltes. Er erschrak so sehr, dass er sein Gleichgewicht verlor. Heftig ruderte er mit den Armen, um nicht hinzu-fallen. Er konnte sich so eben noch halten, quasi in letzter Sekunde.

„Puh, das war knapp!“, meinte Berthold.

Er schaute hinunter zu seinem rechten Fuß. Was war das denn? Zwischen den Zehen quoll eine weiße Masse hervor. Und die Masse war sehr kalt. „Eis, es ist Eis“, stellte Berthold fest. Er zog ein Taschentuch aus der Hose. Der rechte Fuß musste gesäubert werden. „Igitt, was für eine Schweinerei!“, schimpfte Berthold. Bis zum Kiosk ging er nicht mehr, er wollte nach Hause.

Als er zu Hause ankam, waren seine Fußsohlen dreckig und verklebt. Seine Frau lachte. Berthold wusch sich die Füße. Barfuß laufen, so beschloss er, würde er nur noch zu Hause.

Ja, aus Erfahrung wird man klug.

Das neue Kleid

Die Mutter saß an der Nähmaschine und nähte. Das neue Sonntagskleid für ihre kleine Tochter sollte bald fertig sein. Es würde ein sehr hübsches Kleid werden. Aus leichtem Stoff, mit einigen Rüschen und einem weiten Rock. Ein Sommerkleid für die kleine Klara. Die Nähmaschine ratterte. Noch zwei Nähte, dann musste noch eine Anprobe sein.

Dazu stieg die kleine Klara auf einen Stuhl. So konnte die Mutter bequem den Saum abstecken. Die Stecknadeln steckten in einem runden Nadelkissen aus Samt. Dann prüfte die Mutter noch die Ärmellänge und die Seitennähte. Autsch! Eine Nadel hatte gepikst. Die Mutter fuhr mit den Fingern die Nähte entlang. Das kitzelte. Klara musste lachen. Dann surrte wieder die Nähmaschine.

Am Sonntag war das neue Kleid fertig. Ein hellblaues Kleid mit weißen Tupfen und einem Rüschenkragen. Klara durfte es anziehen. Sie drehte sich vor Freude. Das Röckchen schwang mit.

„Nie wieder ziehe ich das schöne Kleid aus!“, rief sie begeistert. Die Mutter lächelte voller Stolz.

Am Nachmittag kam der Großvater zu Besuch. Er hatte seinen Hund Bello dabei. Der Kaffeetisch war gedeckt. Es gab Napfkuchen, Kakao und Kaffee. Bello mochte auch Napfkuchen. Er kam an den Tisch und legte seine Vorderpfoten auf die Tischplatte. Der Tisch wackelte und der Becher mit Kakao wackelte auch. Bello bellte. Dabei wackelte der Becher noch mehr und plötzlich fiel er um.

Klara sprang schnell auf, doch einige Spritzer Kakao waren bereits auf dem neuen Kleid gelandet. Was nun? Die Mutter rieb die Flecken mit Wasser und Kernseife aus. Doch Klara wollte das neue Kleid nicht mehr anziehen.

Sie zog sich lieber eine Spielhose an und sagte: „Das ist besser. Falls der Kakao nochmal umfällt. In der alten Spielhose kann ich mit Bello spielen und toben."

Die Mutter lächelte, sie war stolz auf ihre Tochter.

Als Klara auf der Wiese mit Bello herumsprang, war das neue Kleid längst vergessen.

War einst ein kleines Segelschiffchen

Bruno schnitzte für sein Leben gern. Das Arbeiten mit dem Holz machte ihm viel Spaß. Einmal, es war vor ein paar Jahren, hatte er vierzehn Tage an einem Segelschiff geschnitzt. Aus einem Stück Kiefernholz wurde langsam aber sicher ein schönes Schiff. Er hatte geraspelt, geschnitzt und gefeilt. Und zum Schluss alles mit Sandpapier glatt geschliffen. Ein dünner runder Holzstab war der Mast und ein Stück Leinentuch das Segel. Zu guter Letzt malte er das Schiff noch schön bunt. Dann war es fertig.

An einem schönen warmen Sommertag machte sich Bruno auf den Weg zum See. Sein Segelschiff lag gut eingepackt in einer Kiste. Er hatte eine lange Schnur daran befestigt, damit es ihm auf dem Wasser nicht davonsegeln konnte. Nun war Bruno sehr gespannt, ob es auch ordentlich schwamm.

Der See lag ruhig und glitzernd im Sonnenschein. In der Ferne waren einige Ruderboote zu sehen. Vorsichtig ließ Bruno sein Segelschiff zu Wasser. Ein kleiner Anstupser ließ das Schiff losschwimmen.

Das Ende der Schnur hielt Bruno fest in der rechten Hand.

Das Schiff ging auf Fahrt. Bruno war begeistert und sang: „War einst ein kleines Segelschiffchen, das war noch nie, nie, nie auf hoher See. Ohe, ohe." Verträumt sah er seinem Segelschiff zu, wie es friedlich auf dem Wasser schaukelte.

Plötzlich schlug ihn jemand von hinten auf die linke Schulter.

Der Jemand rief: „Hallo Bruno!"

Es war der Nachbar. Doch Bruno hatte vor Schreck die Schnur losgelassen. Er konnte sie nicht mehr finden, sie war im Wasser versunken. Das Segelschiff war jetzt frei.

„Oh nein!", rief er entsetzt.

Das Segelschiff segelte im Wind davon. Es entfernte sich immer mehr. Bruno sah seinem Schiff traurig hinterher und sang: „Hissen müssen die Matrosen Segel in die Höh. Die Fregatte gleitet überm See." Bald schon war sein Segelschiff kaum noch zu sehen.

Gerade als Bruno nach Hause wollte, näherte sich ein Ruderboot. Es kam direkt auf Bruno zu. Ein junger Mann winkte Bruno zu. Dann hielt er das Brunos Segelboot hoch, und Bruno konnte sein Glück kaum fassen. Der junge Mann hatte sein Schiffchen aus dem See gefischt. Bruno erhielt sein Segelschiff unversehrt zurück. Doch er wollte es an diesem Tag nicht mehr in dem See schwimmen lassen, nur noch zu Hause in der Badewanne.

Der Wachmann

In einem kleinen Reihenhäuschen lebten Herr und Frau Grewe. Seit mehr als dreißig Jahren sorgte Frau Grewe für den Haushalt und hielt den Garten in Schuss. Herr Grewe war Wachmann beim Wachschutz gewesen. Mehr als vierzig Jahre hatte er für die Sicherheit in einem großen Werk gesorgt. Doch nun war er Rentner und hatte viel Zeit. Nur rumsitzen wollte Herr Grewe nicht. So kam es, dass er sich ab sofort für die Sicherheit des kleinen Reihenhäuschens und des Gartens verantwortlich fühlte. Und das fing gleich am frühen Morgen an.

Sofort nach dem Aufstehen startete Herr Grewe einen Kontrollgang durch das Haus. Vom Keller bis unter das Dach. Er prüfte, ob alle Türen und Fenster noch ordnungsgemäß verschlossen waren. Dann schaute er im Garten nach dem Rechten. War er zufrieden, durften die Rollos aufgezogen werden oder die Haustür aufgeschlossen werden.

Nach dem Mittagsessen prüfte Herr Grewe, ob der Herd ausgestellt war, ob der Wasserhahn fest zugedreht war, ob die Kühlschranktür verschlossen war, ob die Fenster wieder alle zu waren und ob seine Ausgehjacke noch an der Garderobe hing. Frau Grewe schüttelte nur mit dem Kopf.

Um fünf Uhr am Nachmittag schloss er die Eingangstür ab und sperrte die Terrassentür zu. Er verschoss alle Fenster und ließ die Rollos herab. So ging es bereits seit einigen Wochen. Doch einmal platzte Frau Grewe der Kragen.

Gerade als Herr Grewe wieder einmal die Haustür abschloss, sagte sie: „Ich will gleich noch zur Nachbarin."

Da meinte Herr Grewe: „Ab fünf Uhr am Nachmittag brauchst du das Haus nicht mehr zu verlassen und kommen braucht auch niemand mehr."

Frau Grewe schüttelte wieder einmal mit dem Kopf.

Als Herr Grewe das Rollo im Wohnzimmer herabließ, protestierte Frau Grewe: „Es ist noch hell draußen. Es ist viel zu früh, um das Rollo herabzulassen."

Herr Grewe knipste das Licht an und war zufrieden. Frau Grewe nicht. So ging das nicht weiter. Da kam ihr eine Idee. Am nächsten Vormittag fuhr sie ins Tierheim. Schon immer hatte sich Herr Grewe einen Hund gewünscht. Und den sollte er nun haben. Zwei Stunden später kam Frau Grewe mit einem kleinen, niedlichen Hund nach Hause.

„Wer ist denn das?", rief Herr Grewe erstaunt.

„Das ist Nelli. Man hat mir gesagt, dass Nelli ein ausgezeichneter Wachhund ist. Ab sofort kannst du am Abend mit ihr eine Wachrunde durch unsere Siedlung machen“, erklärte Frau Grewe. Und so geschah es. Herr Grewe brauchte ab sofort nicht mehr auf das kleine Reihenhaus aufpassen. Das tat jetzt Nelli. Stattdessen drehte er am Abend eine Wachrunde mit Nelli durch die Straßen. Alle Nachbarn grüßten freundlich. Alle freuten sich über den Wachmann mit dem kleinen Wachhund. Alle fühlten sich sicher. Und Herr Grewe vergaß sogar die Haustür abzuschließen.

Warum der Hahn am Morgen kräht

Vor vielen, vielen Jahren lebte einmal ein kleiner, junger Hahn. Der kleine Hahn konnte die Dunkelheit nicht leiden. Er hatte Angst davor. Darum versteckte er sich jede Nacht im Hühnerstall. Doch eines Morgens nahm er all seinen Mut zusammen. Er flog hinaus in den noch dunklen Morgen. Er wünschte sich von Herzen, dass die Sonne aufging. Der kleine Hahn flog auf zum Gartenzaun und setzte sich auf einen Zaunpfahl. Er wollte die Sonne rufen. Aus diesem Grund versuchte er, laut zu schreien: „Sonne geh doch endlich auf!" Doch heraus kam nur ein „Kr-k-k-kr".

Immer wieder versuchte er es aufs Neue. Die spaßigsten und witzigsten Töne kamen dabei heraus. Aber die Sonne ließ sich nicht blicken. Doch er gab nicht auf. Und dann plötzlich kamen sie, die richtigen Töne. „Kikeriki!" Da erschien die goldene Sonne am Himmel, genau in diesem Augenblick.

„Ich habe die Sonne geweckt!", rief der kleine Hahn den Hennen zu. Und die wollten gerne wissen, wie er das geschafft hatte.

„Morgen früh kann ich es euch zeigen. Ihr müsst früh aufstehen und dann zum Zaun kommen“, sagte der kleine Hahn. Er war so stolz und reckte seinen schönen Kopf in die Höhe. So stolzierte er den ganzen Tag über den Hof.

Am nächsten Morgen standen die Hühner mit ihren Küken früh auf. Sie liefen zum Zaun, noch ehe der Tag erwacht war. Der kleine Hahn saß bereits auf dem Zaunpfahl. Dann hörten alle sein lautes „Kikeriki, kikeriki, kikeriki.“ Genau dreimal. Dann ging die Sonne auf.

„Wie wunderbar!“, riefen alle Hühner. Und deshalb krähen alle Hähne bis zum heutigen Tag in aller Frühe „Kikeriki“.

Die Streiche meiner Brüder

Guten Tag. Mein Name ist Lotte. Als ich noch ein kleines Mädchen war, teilte ich mir ein Zimmer mit meinen zwei Brüdern. Zuweilen war das gar nicht nett. Meine Brüder trieben immer ihre Streiche mit mir. Ich hatte es wirklich nicht leicht. Wer Brüder hat, weiß sicher, wovon ich rede.

Besonders gemein und unheimlich war es, wenn sie mir abends Spukgeschichten erzählten. Ich erinnere mich noch genau an jenen Abend, als mir eine Spukgeschichte besonders viel Angst machte. Sie war ja so gruselig. Mein Bett stand unter dem Fenster. Mein Bruder Karl sagte an diesem Abend, dass genau durch dieses Fenster die Gespenster kommen. Sie würden über mich hinwegschweben und dann durch die ganze Wohnung spuken. Sie würden die Möbel verrücken und mit Ketten rasseln. Ich schlotterte vor Angst und sah mich ängstlich im Zimmer um.

Da plötzlich begann der Stuhl neben meinem Bett an, hin und her zu rutschen. Ich glaubte damals, die Gespenster wären schon neben mir. Ich schrie so laut ich konnte. Meine Brüder kicherten in ihren Betten.

Da wurde mir klar, dass sie mir mal wieder einen Streich gespielt hatten. Heimlich hatten sie Schnüre an meinen Stuhl gebunden und ihn dann hin und her gezogen. Zuerst war ich schrecklich wütend auf meine Brüder, doch dann musste auch ich lachen.

Heute bin ich heilfroh, dass ich nicht mehr ein Zimmer mit ihnen teilen muss. Doch missen möchte ich meine Brüder auch nicht. Es war ja auch oft recht schön mit ihnen.

Der Kuckuck und der Esel

Es war im schönen Monat Mai. Der Frühling war ins Land gezogen. Die Bäume im Wald trugen zartgrüne Blätter. Überall durchbrachen Knospen den Waldboden, um bald schon schöne Blüten zu entfalten. In der Luft und auf dem Boden, in den Bäumen und den Büschen herrschte reges Treiben. Jedes Tier war in Frühlingsstimmung. Es wurden die Federn geputzt, das Fell gesäubert, die Federn der Flügel gerichtet und gebadet. Die Vögel zwitscherten munter. Die Frösche quakten, die Käfer brummten und die Bienen summten.

Hoch in einer Baumkrone saß ein Kuckuck. Fröhlich ließ er seinen Ruf über den Wald erschallen. Kuckuck-Kuckuck. In der Nähe stand ein Esel. Ein hübscher, junger Esel. Der hörte den Kuckucksruf. Ihm gefiel der Gesang, und sofort machte er sich auf den Weg zum Kuckuck. Der Esel war sich sicher, genauso schön singen zu können. Ja, er glaubte sogar, besser singen zu können.

Wenig später war der Esel beim Kuckuck angekommen.

Er sagte: „Ich kann besser singen als du. Viel besser!“

Da lachte der Kuckuck und meinte: „Ich bin der beste Sänger. Niemand kann besser singen als ich.“

„Doch, ich kann es“, sagte der Esel. Dann schrie er laut: „Iiaahh!“

So stritten die beiden eine ganze Weile. Jeder meinte, er wäre der beste Sänger zur schönen Maienzeit. Und so geschah es, dass ihr Gesang im ganzen Wald zu hören war. Kuckuck, Kuckuck, Iiaahh, Kuckuck, Kuckuck, Iiaahh.

Das klang schön. Das hörte sich lieblich an. Es gefiel auch den anderen Tieren im Wald. Sie kamen alle herbei. Man hörte den Gesang von nah und fern. Und weil es allen so gut gefiel, sangen der Kuckuck und der Esel von nun an alle beide und an jedem Tag. Kuckuck, Iiaahh.

Lied:

Der Kuckuck und der Esel,
die hatten einen Streit,
wer wohl am besten sänge
zur schönen Maienzeit.
Der Kuckuck sprach: „Das kann ich!“
Und fing gleich an zu schrei’n.
„Ich aber kann es besser!“
Fiel gleich der Esel ein.
Das klang so schön und lieblich,
so schön von fern und nah,
sie sagen alle beide:
„Kuckuck! Kuckuck! Iiaahh!“

Ist denn heute Sonntag?

Es war ein wunderschöner Herbsttag und Frau Klingenberg hatte die allerbeste Laune. Ab heute würde alles besser werden. Bisher musste Frau Klingenberg jeden Pfennig zweimal umdrehen. Alles war teuer und das Geld war knapp. Herr Klingenbergs Lohn reichte nur knapp über die Runden.

In der Woche gab es Muckefuck. Das war Malzkaffee, der nicht besonders gut schmeckte. Aber man hatte sich daran gewöhnt. Sechs Tage in der Woche gab es einfache Mahlzeiten. Bratkartoffeln, Eintopf, Stampfkartoffeln mit Gemüse und manchmal mit einer Bratwurst. Freitags gab es Fisch, der war preiswert. Zum Nachtisch aßen die Klingenbergs das eingemachte Obst.

Sonntags aber gab es echten Bohnenkaffee. Und zu Mittag kam ein leckerer Braten auf den Tisch und zum Nachtisch gab es Pudding. Doch nun sollte sich das ändern. Herr Klingenberg hatte eine ordentliche Lohnerhöhung bekommen. Gute fünfzig Mark mehr im Monat. Und was das Allerbeste war, in der Nähe hatte ein Supermarkt eröffnet. Dort gab es alles recht preiswert.

So geschah es, dass Frau Klingenberg an einem Mittwochnachmittag mit zwei gut gefüllten Einkaufstaschen nach Hause kam. Sogleich brühte sie einen frischen und echten Bohnenkaffee auf. Mmh, der Kaffeeduft zog durch die ganze Wohnung.

Das lockte Herrn Klingenberg in die Küche. Verdutzt fragte er: „Ist denn heute Sonntag?"

„Nein", antwortete Frau Klingenberg fröhlich, „heute ist Mittwoch und es gibt zum Kaffee sogar frischen Stuten mit guter Butter."

Am Donnerstag hatte Herr Klingenberg frei. Er wollte gerne ausschlafen, so etwa bis neun Uhr. Doch er wurde bereits um acht Uhr geweckt. Nicht von seiner Frau, nein, sondern von einem angenehmen Kaffeeduft. Das kannte er eigentlich nur von den Sonntagen.

Er schlurfte in die Küche und fragte: „Ist denn heute Sonntag?" Er war sich gerade nicht sicher, welcher Wochentag war.

„Nein, heute ist Donnerstag und du hast frei. Setz dich und trinke eine Tasse Kaffee mit mir. Ab heute gibt es jeden Morgen Bohnenkaffee", sagte Frau Klingenberg. Sie war wieder in allerbester Laune. Herr Klingenberg schlürfte den heißen Kaffee und meinte: „Mmh, lecker!"

Frau Klingenberg sagte: „Und heute Mittag gibt es Frikadellen und dazu frischen Salat."

Da jubelte Herr Klingenberg: „Dann ist ab jetzt jeden Tag Sonntag!"

„Ja, mein Lieber, ab heute ist für uns jeden Tag Sonntag", lachte Frau Klingenberg. Beide erhoben ihre Tassen, prosteten sich zu und tranken den frischen Bohnenkaffee.

Das neue Halstuch

Die Mode in der Damenwelt änderte sich jedes Jahr. Mal waren Faltenröcke modern, dann mal wieder enge Röcke. Mal hatten die Blusen Rüschen, dann mal wieder einen Stehkragen. Ständig änderten sich die Farben. Einmal war Königsblau modern, dann mal wieder Lila oder Gelb. In einem Jahr waren Glockenröcke angesagt oder ein schickes Kostüm. Wer es sich leisten konnte, der kleidete sich jedes Jahr im Frühling neu ein.

Dann kamen die bunten Halstücher auf den Markt. Sie waren der neueste Modeschrei. Und jede Dame, die etwas auf sich hielt, trug nun ein Halstuch. Es gab sie in bunt gemustert, einfarbig, geblümt oder gestreift. Viereckig oder als Schal. Sie waren aus Seide und sahen sehr elegant aus.

Frau Kibitz war sehr angetan von diesen Seidentüchern, und natürlich wollte sie auch so ein schönes Halstuch. Nicht weit entfernt gab es ein Bekleidungsgeschäft. Dort lagen diese Tücher im Schaufenster. Frau Kibitz eilte hin. Oh, was für eine große Auswahl es gab! Eines war schöner als das andere. Da hatte

Frau Kibitz die Qual der Wahl. Am besten gefiel ihr ein geblümtes Halstuch in zarten Farben. Es war so hübsch, da würden ihre Freundinnen Augen machen. Aber der Preis..., das Tuch kostete ein Vermögen. Frau Kibitz überlegte kurz. Im Keller gab es noch einige Gläser Eingemachtes und in der Kartoffelkiste waren noch genug Kartoffeln. Zwei Kohlköpfe lagen auch noch im Keller. Kurzum, sie kaufte den Schal. Glücklich marschierte sie nach Hause.

Zu Hause öffnete sie den Kleiderschrank, um zu sehen, zu welcher Bluse der Schal am besten passt. Plötzlich bekam sie einen Schreck. Zu keiner einzigen Bluse passte der neue Schal. Ein bunt geblümtes Seidentuch passte nicht auf eine bunt gemusterte Bluse. Oh nein! Jetzt brauchte sie noch eine neue Bluse. Doch die war jetzt nicht mehr drin. Erst im nächsten Monat.

„Die Hauptsache ist, ich habe schon mal das neue Halstuch", sagte sich Frau Kibitz, „denn was man hat, das hat man und kann einem keiner mehr nehmen."

Der kleine Seehund

In den Wellen der Nordsee tummeln sich viele Seehunde. Pfeilschnell schwimmen sie durch das Wasser und jagen nach Fischen. Fische sind ihre Lieblingsspeise. Wenn sie dann müde werden, watscheln sie auf eine Sandbank und legen sich in die Sonne zum Schlafen. Die Seehundmütter kümmern sich liebevoll um ihre Jungen. Sie werden gefüttert, bis sie groß genug sind, um alleine im Meer zu schwimmen.

Einmal war eine ganz besonders fürsorgliche Seehundmutter dabei. Sie fütterte ihr Kind gut und reichlich, so dass es schnell zunahm. Aber die Seehundmutter hatte Angst um ihr Kind und wollte es nicht im weiten Meer schwimmen lassen. Das Meer war doch so groß und ihr Kind noch so klein. Sie schob es mit ihrer Schnauze immer weiter weg vom Ufer. Alle anderen Seehundkinder tummelten sich schon im Meer und spielten mit den Wellen. Aber der kleine Seehund konnte immer noch nicht schwimmen, weil ihn seine Mutter nicht ins Wasser ließ. Oh, wie gerne hätte er sich auch von den Wellen schaukeln lassen. So lag er Tag für Tag alleine im Sand und langweilte sich. Und von all dem Faulsein und dem vielen Fressen wurde er dicker und dicker. Bald war er so dick wie ein kleines Fass.

Eines Tages ist es plötzlich sehr windig geworden. Die hohen Wellen schäumten und schlugen auf den Strand. Die Seehundmutter bekam Angst und schob ihr Kind auf eine Sanddüne. Aber der Kleine war schon sehr schwer und sehr rund. Und so kam es, dass er die Düne wieder hinunter rollte. Er rollte und rollte, direkt in das Meer hinein. Er prustete und strampelte, er schnaufte und platschte. Und auf einmal schwamm er los. Der kleine Seehund quietschte vor Vergnügen. Er jauchzte und drehte sich in den Wellen. Dann schwamm er hinaus ins schöne Meer.

Da musste die Seehundmutter Abschied nehmen. Sie winkte mit einer Flosse, und der kleine Seehund winkte zurück. Dann war er nicht mehr zu sehen. Der kleine Seehund konnte nun selbst für sein Fressen sorgen.

Das schwarze Fahrrad

Schon immer hatte sich Horst ein Fahrrad gewünscht. Aber sein Wunsch ging erst in Erfüllung, als er schon sechzig Jahre alt war. Dann nämlich bekam er zum Geburtstag ein Fahrrad geschenkt. Ein gebrauchtes, altes Fahrrad. Es war schwarz und schon etwas rostig. Aber es fuhr ganz gut. Nur die Farbe gefiel ihm nicht. Also kaufte sich Horst neue Farbe. Gelbe Farbe. Er fand, dass das eine schöne, helle und freundliche Farbe sei. Außerdem werde ich damit gut gesehen, dachte er. Am gleichen Tag noch strich er sein Fahrrad gelb an.

Da kam sein Freund vorbei und meinte: „Horst, dein Fahrrad sieht jetzt aus wie ein Postfahrrad. Unser Briefträger fährt auch so ein Fahrrad."

Oje, das gefiel Horst jetzt gar nicht. Er wollte kein Postfahrrad. Er ging los und kaufte sich neue Farbe. Grüne Farbe. Am nächsten Tag strich er sein Fahrrad grün. Als er fertig war und sein grünes Fahrrad betrachtete, gefiel ihm die Farbe nicht mehr.

Er meinte: „ Das sieht so Grasgrün aus, wie eine Wiese."

Noch am Abend kaufte er sich neue Farbe. Hellblaue Farbe. Am nächsten Tag strich er sein Fahrrad hellblau. Als er fertig war, kam seine Frau.

Sie betrachtete sich das hellblaue Fahrrad und meinte: „Das ist ja ein Babyblau. Das passt nicht zu dir."

Oje, was nun? Horst kaufte sich neue Farbe. Damit strich er am darauffolgenden Tag sein Fahrrad an. Als er fertig war, war sein Fahrrad wieder schwarz. Allen gefiel die Farbe, und Horst war auch zufrieden. Er lachte und sagte: „Ich hätte mir eine Menge Arbeit sparen können. Und Geld auch. Aber wenigstens sieht man jetzt die rostigen Stellen nicht mehr."

Vater denkt an alles

Ein Vater wollte einmal mit seinen beiden Kindern eine Bergwanderung machen. Er überlegte, was er alles mitnehmen muss. Er wollte an alles denken und bloß nichts vergessen. So eine richtig gute Bergwanderung dauerte schon ein paar Stunden. Man musste unbedingt gut vorbereitet sein. Es könnte zum Beispiel regnen. Also brauchte man Regenjacken und trockene Socken. Was, wenn das Wetter umschlug, dunkle Wolken aufzogen, ein Gewitter und Sturm aufzogen. Dann brauchte man dringend eine Taschenlampe und ein kleines Zelt. Es könnte aber auch passieren, dass man sich verirrte. Dann brauchten sie noch Schlafsäcke und einen Spirituskocher. Natürlich auch einen Kochtopf und einige Lebensmittel. Und was wäre, wenn eines der Kinder auf der Bergwanderung krank würde? Der besorgte Vater musste also unbedingt an Medikamente denken. Ach ja, und Pflaster und Verbandszeug mussten auch noch mit.

Der Vater packte alles in Rucksäcke. Er selbst packte sich den größten Rucksack. Da passte besonders viel hinein. Die Lebensmittel, Verbandszeug, der Kocher, das kleine Zelt und der Schlafsack.

Schwer bepackt stiegen der Vater und die beiden Kinder am nächsten Tag einen Berg hinauf. Alle drei waren mit einem Seil verbunden. Sie schwitzten und keuchten bei all dem schweren Gepäck. Stöhnend und schnaufend schleppten sie sich über Wiesen und Wege. Das Gepäck war viel zu schwer. Doch der Vater war stolz auf sich, dass er an alles gedacht hatte. Er ging voran.

Sie waren noch gar nicht so weit gekommen, als es passierte. Gerade stiegen sie einen steilen Wiesenhang empor, als der Vater in einen frischen und sehr großen Kuhfladen trat. Er rutschte aus, geriet ins Wanken, und der schwere Rucksack zog ihn zu Boden. Er landete auf dem Rücken. Und weil er so schwer bepackt war, rutschte er die Wiese wieder hinab. Die beiden Kinder rutschten hinterher. Sie waren ja mit einem Seil verbunden. So geschah es, dass sie wieder ruckzuck am Fuße des Berges waren. Es ging alles ganz schnell. Verdutzt sah der Vater sich um.

„Mh, mh, mh“, meinte er, „ tut mir leid. Aber an einen Kuhfladen habe ich nicht gedacht.“

Ja, auch ein Vater kann nicht an alles denken.

Der starke Mann

In einer kleinen Stadt lebte einmal ein starker Mann. Ein sehr, sehr starker und auch großer Mann. Ein jeder kannte ihn. Und wenn es mal in der Nachbarschaft etwas zum Tragen, Stemmen oder Heben gab, wurde der starke Mann gerufen. Er hieß August. Die Leute nannten ihn „August den Starken". Seine Oberarme waren so dick wie Oberschenkel. Mit Leichtigkeit stemmte er ein Sofa in die Höhe. Er konnte ein Auto anheben. Das war praktisch, wenn sich ein Kätzchen darunter versteckt hatte. Ein volles Fass Bier trug er auf der Schulter und dem Wirt in den Keller. Gerade so, als hätte er eine Feder auf der Schulter.

In einem heißen Sommer fuhr August der Starke in den Urlaub. Er fuhr an die Nordsee, weil er das Wasser liebte. Hier an der See kannte man ihn nicht und hier brauchte man ihn nicht. Er legte sich an den Strand und ruhte sich aus. Doch nach ein paar Tagen wurde ihm langweilig. Er wusste nicht wie er sich die Zeit vertreiben sollte. Er musste sich unbedingt beschäftigen. So passierte es, dass er einen Strandkorb in die Höhe hob. Aber in diesem Strandkorb saß gerade eine Frau und die fand das gar nicht gut. Sie schimpfte und zeterte. Na, das war Pech für den August. Er setzte den Strandkorb wieder ab.

Dann erblickte er ein Ruderboot. Da saß niemand drin. Also stemmte er das Ruderboot in die Höhe. Ah, das tat gut! Doch da war auch schon der Besitzer schimpfend herbeigeeilt. Er wollte auf das Meer hinaus und Fische angeln. Das war schon wieder Pech für August. So ging er zurück an den Strand und setzte sich auf sein Handtuch. Da kam ihm eine Idee.

Zuerst machte er zwanzig Liegestützen, dann einen Handstand. Danach schob er sich die Hände unter das Gesäß und stemmte sich selbst hoch. Das war ein tolles Gefühl, das gefiel August. Und die Leute klatschten und riefen: „Bravo!"

Sie hatten ihm zugesehen. Das freute August.

Nun stemmte sich August jeden Tag selbst in die Höhe, machte zwanzig Liegestützen und einen Handstand und niemand schimpfte und zeterte mit ihm. Man muss sich nur zu beschäftigen wissen. So wie der August.

Der gierige Spatz

Im Garten der Familie Eichmann wohnte ein kleiner frecher Spatz. Den ganzen Tag sprang und flog er munter im Garten herum, immer war er auf der Suche nach Futter. Am liebsten war dem kleinen Spatz, wenn er Kuchenkrümel oder Brotreste fand. Er hatte keine Angst vor den Menschen. Er wusste genau, dass ihn Herr und Frau Eichmann nie verscheuchen würden. Oft kam er sogar bis zum Küchenfenster geflogen und setzte sich dann auf die Fensterbank. So auch an einem schönen Frühlingstag im Mai.

Frau Eichmann war gerade dabei, eine Geburtstagstorte für ihren Mann zu verzieren. Der kleine Spatz schaute interessiert zu. Frau Eichmann spritzte Sahnetupfer auf den Kuchen und legte dann vorsichtig Himbeeren auf die Sahnetupfer. Mmh... süße Himbeeren. Das sah lecker aus. Neben der Torte stand eine Schüssel mit geschlagener Sahne. Daneben war noch ein Teller. Was da wohl drauf war? Der kleine Spatz wurde neugierig und er hatte natürlich großen Hunger. Aufgeregt hüpfte er auf der Fensterbank hin und her. Wie gerne würde er jetzt von den leckeren Sachen naschen.

Der kleine Spatz hatte Glück. Das Telefon klingelte und Frau Eichmann verließ die Küche. Der Spatz flog direkt auf die Torte zu. Er riss seinen Schnabel so weit wie er konnte auf. Dann stieß er mit Schwung in die Torte hinein. Sein Kopf verschwand in der Sahne. Der kleine Spatz konnte nichts mehr sehen. Aber das war ihm egal, die Hauptsache war, er konnte fressen. Und er fraß und fraß und fraß. Auf seinem Kopf saß nun eine Sahnehaube, wie ein weißes Mützchen.

Dann flog er gierig auf die Schüssel zu, in der die geschlagene Sahne war. Die Sahne war weich, und sofort versank der kleine Spatz darin. Nun waren seine Flügel ganz verklebt. Auch sein Schwänzchen und die Füßchen waren voller Sahne. Oh je, oh Schreck, er konnte nicht mehr fliegen. Er torkelte umher, versuchte zu flattern und landete auf dem Teller. Der kleine Spatz hatte Glück im Unglück. Auf dem Teller war Wasser. So konnte der Spatz ein ausgiebiges Bad nehmen, bis die ganze Sahne abgewaschen war.

In diesem Moment kam Frau Eichmann wieder in die Küche. Sie lachte, als sie den kleinen Spatz auf dem Teller sah. Sie ließ den kleinen Spatz in Ruhe zu Ende baden. Dann piepste der kleine Spatz und flog wieder zum Küchenfenster hinaus. Hinaus in den Garten. Sein Bauch war dick gefüllt mit Sahne.

Hoffentlich bekommt er keine Bauchschmerzen. Es ist nicht gut, so gierig zu sein.

Frau Eichmann musste die Torte etwas ausbessern, doch niemand merkte etwas davon.

Der Wecker

Wenn es ganz still in der Wohnung war, konnte man den Wecker ticken hören. Tick-tack, tick-tack. Dann hörte es sich immer so an, als wenn kleine Füßchen durch die Wohnung laufen. Wenn der Wecker regelmäßig am Abend aufgezogen wurde, wurde er niemals müde und tickte den ganzen nächsten Tag.

Tagsüber stand der Wecker in der Küche auf dem Küchenschrank. Am Abend, nachdem der Vater ihn aufgezogen hatte, trug er ihn in das Schlafzimmer. Dann drehte er an einer kleinen Flügelschraube auf der Rückseite und stellte den Wecker auf fünf Uhr. Um fünf Uhr musste der Vater aufstehen. Der Wecker sollte ihn pünktlich wecken. Der Vater stellte den Wecker auf seinen Nachttisch, und in der Dunkelheit leuchteten die Zahlen.

Eines Tages fiel dem Vater der Wecker aus der Hand. Unsanft landete der auf dem Küchenfußboden. Aber er tickte noch.

„Oje“, sagte die Mutter, „hoffentlich weckt er uns pünktlich. Du musst zur Arbeit, die Kinder zur Schule und ich muss Kaffee kochen und Brote schmieren.“

Da meinte der Vater: „Wenn er uns nicht weckt, weckt uns der Hahn. Der kräht immer zwischen fünf und fünf Uhr dreißig. Das schaffen wir dann noch rechtzeitig."

Alle gingen schlafen, und alle schliefen tief und fest. Der Wecker gab am nächsten Morgen keinen Mucks von sich. Der Hahn krähte nicht, er hatte Halsschmerzen. So haben alle an diesem Morgen verschlafen. Der Vater kam zum ersten Mal zu spät zur Arbeit. Doch sein Chef drückte ein Auge zu.

Die Kinder kamen zu spät zur Schule.

Doch die Lehrerin meinte: „Das kann jedem Mal passieren."

Und die Mutter war endlich einmal ausgeschlafen. Sie brachte den Wecker zum Uhrmacher und der hatte im Nullkommanix den Wecker repariert.

Der Umzug

Endlich war es soweit. Der Umzugswagen stand vor der Tür. Bald würde die Unordnung ein Ende haben. Familie Höflich wusste schon gar nicht mehr, wo ihnen der Kopf stand. Seit Tagen lebten sie mit und zwischen den vollgepackten Umzugskartons. Zwischen Tüten und Körben, Säcken und gepackten Koffern. Frau Höflich hatte den gesamten Haushalt einer Vier-Zimmer-Wohnung in Kisten verpackt. Herr Höflich half ihr dabei, so gut er konnte. Sämtliches Geschirr wurde in Zeitungspapier eingewickelt. Es sollte schließlich alles heil in dem neuen Haus ankommen. Herrlich, ein eigenes Haus!

Herr Höflich stapelte die Kartons in den Zimmern aufeinander. Die Kinder mussten ihr Spielzeug selbst einpacken. Und so wanderten Puppen, Puppengeschirr, Bilderbücher, Spielzeugautos, Bausteine, Malstifte und Spiele in die Kartons. Als Letztes packte Herr Höflich seine Briefmarkensammlung ein. Frau Höflich verstaute ihr Strickzeug, samt dem Vorrat an Wolle. Jetzt durfte nichts mehr schiefgehen, denn alles war eingepackt. Es gab nicht mal mehr eine Tasse oder einen Löffel.

Das Umzugsauto war pünktlich. Vier starke Männer kamen die Treppen herauf.

Einer stöhnte: „Oh Mann, drei Etagen."

Sie schauten in alle Zimmer hinein, begutachteten die Möbel und die Kartons. Dann legten sie los. Nach drei Stunden stand kein Schrank mehr, alles war im Umzugsauto untergebracht. Dann ging es los. Herr Höflich fuhr in seinem Auto mit seiner Familie voraus. Bald schon hatten sie die Stadt verlassen und fuhren über das Land.

Nach einer Weile rief Herr Höflich: „Da ist unser Haus!"

Herr Höflich hielt an, der Umzugswagen auch und alle stiegen aus. Frau Höflich schloss die Tür auf. Die Zimmer waren noch alle leer und die Schritte halten laut auf dem Fliesenboden. Durch die Fenster konnte man in den Garten sehen. Die reifen Äpfel leuchteten im Sonnenschein. Familie Höflich stürmte nach draußen. Die Kinder pflückten sich Äpfel.

„Was für ein schöner Garten", rief Frau Höflich.

Da meinte Herr Höflich: „Was haltet ihr davon, wenn wir uns etwas vom Bäcker holen? Wir haben eine Pause verdient."

Alle waren begeistert. Etwas später saßen sie auf der Wiese und aßen Kuchen. Die Umzugsmänner bekamen auch etwas davon ab. Sie hatten auch eine Pause verdient. Dann arbeiteten die Männer weiter, bis alles wieder ausgeladen und aufgebaut war. Familie Höflich saß noch eine Weile im Garten. Die Kartons konnten auch später noch ausgepackt werden. Erst mal ankommen, nur keine Eile und alles hübsch der Reihe nach.

Heute spielen wir Minigolf

Wenn Herr und Frau Petermann am Sonntag beim Frühstück saßen, wurde immer gemeinsam überlegt, wie man den Sonntagnachmittag gestalten könnte. Mal beschlossen sie, einen schönen Spaziergang durch den Stadtpark zu machen. Ein anderes Mal entschied man sich für einen Ausflug zum nahegelegenen Schloss. Wieder ein anderes Mal fuhren sie in den Zoo. Auf diese Weise waren es immer ganz besonders schöne Sonntagnachmittage. Mit Bewegung und Abwechslung.

Und wieder einmal saßen Herr und Frau Petermann beim Frühstück.

Da hatte Herr Petermann eine Idee. Er sagte: „Ich schlage vor, heute gehen wir mal Minigolf spielen.“

„Was ist das denn?“, fragte Frau Petermann.

„Das ist ganz neu in unserer Stadt. Man spielt es auf kleinen Bahnen, die am Ende ein Loch haben. Mit einem Golfschläger schlägt man einen Ball vorwärts in Richtung dieses Loches. Der kleine Ball muss in dieses Loch“, erklärte Herr Petermann.

„Ob ich das kann? Ich weiß nicht so recht. Machen wir doch lieber einen Schaufensterbummel“, gab Frau Petermann zu bedenken.

„Quatsch, wir versuchen das. Es macht bestimmt Spaß! Ziehe dir etwas Sportliches an“, riet Herr Petermann seiner Frau.

Am Nachmittag gegen drei Uhr erreichten sie den Minigolfplatz. Herr Petermann bezahlte und erhielt zwei Golfschläger und zwei Bälle. Dazu gab es ein Kärtchen, auf dem die Punktezahl eingetragen wurde. Also wie viele Schläge man jeweils brauchte, um einen Ball in ein Loch zu versenken.

Die erste Bahn war ganz einfach. Sie war kurz und hatte keine Hindernisse. Mit zwei Schlägen schaffte es Herr Petermann, den Ball einzulochen. Frau Petermann brauchte drei Schläge. Sie war noch ein wenig zaghaft, wurde aber von Bahn zu Bahn besser. Als sie dann aber an der fünften Bahn ankamen, sah es schon etwas schwieriger aus. Der Ball musste durch einen kleinen Tunnel und über eine Anhöhe. Herr und Frau Petermann mussten sich schon mächtig anstrengen, aber es machte Spaß. Dann kam die achte Bahn. Die war sehr, sehr lang.

Herr Petermann meinte: „Hier muss man ordentlich Schwung holen.“ Er stellte sich in Position. Den Schläger fest in der Hand, holte er mehrere Male weit aus. Er sammelte Schwung. Dann schlug er zu.

Kraftvoll und mit Elan. Doch der Ball bewegte sich nicht, er lag noch auf seinem Platz, direkt vor ihm. Nanu?

„Du hast daneben geschlagen“, rief Frau Petermann und bog sich vor Lachen. Noch einmal holte Herr Petermann Schwung und schlug erneut zu. Dann flog der Ball. Er rollte nicht vorwärts, er flog und flog. Weg war er! Fassungslos schaute Herr Petermann hinterher und meinte dann: „Das war wohl zu kräftig.“ Dann ging er los, um den Golfball zu suchen. Frau Petermann spielte in der Zwischenzeit alleine weiter. Als Herr Petermann zurückkam, hatte Frau Petermann gerade die letzte Bahn geschafft.

„Hat Spaß gemacht“, sagte sie, „von mir aus können wir das jeden Sonntagnachmittag machen.“

Mit Brille wär das nicht passiert

Manchmal braucht die eine oder der andere eine Brille, weil die Sehkraft nachlässt. Dann kann man sich eine Brille anfertigen lassen. Die Gläser haben dann die richtige Sehstärke, und man kann wieder alles sehen und lesen. Das ist schon eine große Hilfe. Gut, dass es so etwas gibt!

Anton besaß auch eine Brille. Er hatte schon sehr schlechte Augen und ohne seine Brille sah er alles verschwommen. Aber Anton war sehr eitel. Darum setzte er die Brille nur zu Hause auf. So sah ihn niemand damit. Er fand sich mit Brille nicht schön genug. Also blieb die Brille zu Hause, wenn er das Haus verließ.

Eines Nachmittags ging er in die Stadt. Es gab da einen neuen Handwerkerladen, und Anton brauchte ein paar Schrauben. Doch wo war dieser Laden nur? Anton wollte jemanden nach dem Weg fragen. Er kam an einem Plakat vorbei. Auf dem Plakat war ein lächelnder Mann abgebildet. Anton hielt den Mann auf dem Plakat für einen lebendigen Menschen.

Er blieb stehen und fragte: „Können Sie mir sagen, wo der Handwerkerladen ist?"

Doch der Mann auf dem Plakat antwortete nicht, er lächelte nur.

„Haben Sie etwas an den Ohren?", fragte Anton. Der Mann auf dem Plakat lächelte immer noch und sagte immer noch nichts.

„Was gibt es da zu lächeln?", fragte Anton. Doch er bekam immer noch keine Antwort.

„Sie sind sehr unfreundlich", meinte Anton. Inzwischen standen schon einige Leute um Anton herum. Einer von ihnen fragte: „Sind Sie betrunken? Schämen Sie sich. Es ist noch früh am Tag."

Eine Frau fragte: „Wissen Sie nicht, dass Sie mit einem Plakat reden? Sie brauchen wohl eine Brille!"

„Genau", rief ein anderer, „mit Brille wär das nicht passiert."

Oje, wie peinlich. Anton schämte sich. Sofort lief er nach Hause, um die Brille zu holen. Das durfte nicht noch einmal passieren. Und siehe da, Anton fand sofort den neuen Handwerkerladen und kaufte seine Schrauben.

Eine neue Krähenverscheuch-Anlage

In jeder freien Minute widmete sich Rosemarie ihrem Hobby. Seidenmalerei war ihre große Leidenschaft. Sie bemalte mit viel Liebe Seidentücher, Kissenbezüge und auch schon mal eine Seidenbluse. Auf dem Sofa im Wohnzimmer stand eine ganze Kissenparade. Alle waren mit bunten Seidenbezügen bezogen. Rosemarie besaß viele selbst bemalte Tücher. Mal ganz bunt, mit Blumenmotiven oder auch Tiermotiven. Oder auch nur zweifarbig, zum Beispiel in Rot und Blau.

Rosemaries Mann hieß Ludwig. Sein Hobby war der Garten. Er pflanzte und säte, er harkte und goss alles, er zupfte Unkraut und pflegte die Pflanzen, bis sie grünten und blühten.

Nun war es wieder einmal Frühling geworden und es war an der Zeit auszusäen. Im Sommer wollte er Erbsen, Bohnen, Möhren und Salat ernten. Ludwig war von morgens bis abends im Garten beschäftigt. Doch kehrte er mal dem Garten den Rücken, da kamen die Krähen herbei-geflogen und pickten die

Samenkörner auf. Da dauerte es nicht lange und Ludwig wurde wütend. So geht das nicht, dachte er.

Er brauchte dringend eine wirksame Krähenverscheuch-Anlage. Ludwig dachte nach. Es musste etwas sein, was ordentlich flatterte. Die Krähen mussten Angst bekommen. Da hatte er die rettende Idee. Es kam ihm gerade recht, dass Rosemarie in die Stadt ging. So hatte er freie Bahn und brauchte keine Fragen beantworten. Er machte sich sofort an die Arbeit, um seine Idee in die Tat umzusetzen. Es dauerte gar nicht lange, und die neue Krähenverscheuch-Anlage stand im Garten. Ludwig war mächtig stolz. Keine einzige Krähe ließ sich blicken.

Rosemarie hatte in der Zwischenzeit zwei neue Seidentücher, einen Seidenschal und ein paar Farben gekauft. Zufrieden kam sie heim. Als erstes wollte sie sich ein neues Halstuch anfertigen. Die neuen Frühjahrsfarben gefielen ihr. Hellblau und lindgrün, ein wenig rosa, das war ganz nach ihrem Geschmack. Sie ging in den Garten, um ihren Mann zu begrüßen.

Plötzlich blieb sie wie angewurzelt stehen. Was war denn das? Was waren das für bunte Fahnen, die da im Garten flatterten? Große und kleine Fahnen, bunte und weniger bunte Fahnen und alle an langen Stielen. Dazwischen ein zufrieden blickender Mann. Als sie ein paar Schritte näher kam, wusste sie es. Das darf doch nicht wahr sein!

„Ludwig, bist du verrückt geworden?“, schrie Rosemarie. Da flatterten lustig im Wind ihre Seidentücher und Kissenbezüge von den Sofakissen. Alle hübsch und sorgfältig an Stielen befestigt.

„Was soll das?“, rief sie entgeistert.

„Das ist meine neue Krähenverscheuch-Anlage. Ist sie nicht toll geworden? Es lässt sich keine Krähe mehr blicken. Und wir werden unsere Bohnen und Erbsen, unseren Salat und die Möhren in diesem Jahr ernten können“, sagte Ludwig glücklich.

Rosemarie allerdings war nicht glücklich. Gleich morgen, so nahm sie sich vor, würde sie neue Tücher und Kissenbezüge kaufen. Und Ludwig musste die Rechnung bezahlen. Alles in allem war das dann eine teure Krähenverscheuch-Anlage.

Der Kegelabend

Alle vierzehn Tage gingen Herr und Frau Kortmann zum Kegeln. Immer samstagabends um achtzehn Uhr. Da durfte nichts dazwischen kommen. Auf den Kegelabend wollte niemand verzichten. Man kannte sich schon seit vielen Jahren und freute sich auf das Treffen. Es gab dann viel zu erzählen, man aß ein Jägerschnitzel und trank Bier.

Der Kegelverein hieß „Alle Neune".

Endlich war es wieder soweit. Herr und Frau Kortmann waren schon den ganzen Samstag in bester Stimmung. Und neue Turnschuhe hatten sie auch. Turnschuhe waren Pflicht auf der Kegelbahn, und die alten Turnschuhe waren ausgetreten. Pünktlich um achtzehn Uhr trafen alle ein. Die Meiers, die Schultes und die Müllers, die Schmidts und die Weihers. Um neunzehn Uhr wurde die erste Runde gekegelt. Einmal in die Vollen. Herr Kortmann traf die Rinne, und so rollte seine Kugel ohne Treffer dahin.

Er meinte: „Die neuen Turnschuhe sind schuld, die muss ich erst einlaufen."

Etwas später folgte die Königspartie. Nun hieß es zielen und treffen. Die Punkte wurden gezählt. Der Sieger war dann der Kegelkönig. Als Herr Kortmann an der Reihe war, zielte er sorgfältig, nahm dann etwas Anlauf, stolperte, die Kugel fiel ihm aus der Hand und landete auf seinem rechten Fuß. Autsch! Sofort sprang er wie ein Känguru herum. Immer auf und ab. Dabei schrie er wie am Spieß, es muss wohl sehr schmerzhaft gewesen sein. Frau Kortmann begleitete und stützte ihren Mann bis zu seinem Platz.

„Das sind die neuen Turnschuhe. Ich glaube, die sind zu eng“, sagte er mit schmerzverzerrtem Gesicht.

„Ha“, meinte seine Frau, „im Geschäft hast du gesagt, dass sie bequem sind.“

Herr Kortmann sagte nichts mehr. Kegeln konnte er an diesem Abend nicht mehr. Er sah nur noch zu, trank Bier und aß ein Jägerschnitzel.

Zum nächsten Kegelabend in vierzehn Tagen, wollte er lieber wieder die alten ausgetreten Turnschuhe anziehen.

In folgender Geschichte ist ein bekanntes Lied versteckt. Es ist also eine Geschichte, die es auch als Lied gibt. Ich bin gespannt, ob wir das Lied erraten können.

Ein kleiner Tipp: Es ist aus der Mundorgel.

Die Geschichte heißt:

Ein Mann, ein Wort

Vor vielen, vielen Jahren lebte ein Mann, der war in der Schifffahrt sehr bekannt. Er war ein berühmter Seemann. Eines Morgens saß er beim Frühstück und trank gerade Kaffee, als es klopfte. Es war der König aus Spanien, der zu ihm kam. Da sprang der Seefahrer gleich vor Freude auf und begrüßte den König. Nicht alle Tage hatte man einen König zu Gast.

Der König sprach: „Du bist ein bekannter Seemann und hast schon so manche Tat vollbracht. Du bist schon durch alle Meere gesegelt, doch nun habe ich einen Auftrag für dich. Wohlan, entdecke mir Amerika!“

Gesagt, getan, ein Mann, ein Wort, noch am selben Tag schipperte der Seemann fort. Es ging hinaus auf das weite Meer, es drückten ihn die Sorgen schwer. Wo war Amerika? Er musste dieses Land finden, denn er hatte es dem König versprochen. Viele Tage suchte er nach diesem neuen Land.

Eines Morgens rief er: „Land in Sicht."

Sie segelten auf das Land zu. An Land standen stumm, ein ganzes Volk herum. Mit großen Augen schauten sie auf das Schiff.

Da rief der Seemann: „Guten Tag. Ist hier vielleicht Amerika?"

Da riefen alle: „Ja!"

Da freute sich der Seemann und sang: „Gloria Viktoria, widdewiddewitt, juchheirassa, Gloria Viktoria, widdewiddewitt, bum, bum."

Wer weiß wie der Mann hieß?

Text:

Ein Mann, der sich Kolumbus nannt, widdewiddewitt, bum bum, war in der Schifffahrt wohl bekannt, widdewiddewitt, bum, bum. Es drückten ihn die Sorgen schwer, er suchte neues Land im Meer. Gloria Viktoria, widdewiddewitt, juchheirassa, Gloria Viktoria, widdewiddewitt, bum bum.

Als er den Morgenkaffee trank, da sprang er fröhlich von der Bank. Denn schnell kam mit der ersten Tram der span'sche König bei ihm an.

„Kolumbus", sprach er, „lieber Mann, du hast schon manche Tat getan, eins fehlt noch unser Gloria, entdecke mir Amerika!"

Gesagt, getan, ein Mann, ein Wort, am selben Tag fuhr er noch fort, und eines Morgens schrie er: „Land! Wie deucht mir alles so bekannt!"

Das Volk an Land stand stumm und zag, da sagt Kolumbus: „Guten Tag, ist hier vielleicht Amerika?" Da riefen alle Wilden „Ja!"

Die Wilden waren sehr erschreckt und schrien all: „Wir sind entdeckt!" Der Häuptling rief ihm: „Lieber Mann, alsdann bist du Kolumbus dann!"

In folgender Geschichte ist ein bekanntes Lied versteckt. Es ist also eine Geschichte, die nach einem Lied geschrieben ist.

Ein kleiner Tipp: Das Lied steht in der „Mundorgel“.

Die Geschichte heißt:

Wenn einer sich amüsiert

Ein Vater wollte gerne eine Reise machen. Sein Ziel war Pankow. Das ist ein Stadtteil in Berlin. Der Vater hatte fünf Söhne. Den Jüngsten nahm er mit auf die Reise. Und so reiste er zu Pfingsten nach Pankow. In Pankow gab es viele Menschen. Auf den Straßen war ein großes Gedränge. Da verlor der Vater ganz plötzlich seinen Jüngsten im Gewühl. Oh Schreck! Eine halbe Stunde hat er nach ihm gesucht. Aber dennoch hat sich der Vater köstlich amüsiert.

In Pankow wollte er dann gerne etwas essen. Der Hunger war groß. Doch es gab nichts mehr zu essen und auch kein Bier. Noch nicht einmal eine Butterstulle. Es war alles aufgegessen von den fremden Leuten in Pankow. Da konnte man nichts machen. Aber dennoch hat sich der Vater ganz köstlich amüsiert.

Da gab es plötzlich eine Keilerei. Der Vater war nicht feige und mischte gleich ordentlich mit. Er musste so manchen Hieb einstecken. Aber dennoch hat sich der Vater köstlich amüsiert.

Als er wieder nach Hause kam, war längst ein neuer Tag. Sein Hemd war ohne Kragen, das Nasenbein geknickt. Sein rechtes Auge blau. Aber dennoch hat sich der Vater ganz köstlich amüsiert.

Seine Frau war nicht gut auf ihn zu sprechen. So kam es, dass sie ihn ganz mörderisch verdrosch. Eine halbe Stunde schlug sie auf ihn ein. Aber dennoch hat sich der Vater ganz köstlich amüsiert.

Wer weiß denn, wie der Vater hieß?

Wer weiß, wie das Lied heißt?

Text:

Bolle reiste jüngst zu Pfingsten, nach Pankow war sein Ziel, da verlor er seinen Jüngsten ganz plötzlich im Gewühl. Ne volle halbe Stunde hat er nach ihm gespürt, aber dennoch hat sich Bolle ganz köstlich amüsiert.

Zu Pankow gab's kein Essen, zu Pankow gab's kein Bier, war alles aufgegessen von fremden Leuten hier. Nicht mal 'ne Butterstulle hat man ihm reserviert, aber dennoch hat sich Bolle ganz köstlich amüsiert.

Auf der Schönholzer Heide, da gab's 'ne Keilerei. Und Bolle, gar nicht feige, war mittenmang dabei, hat's Messer 'rausgerissen und fünfe massakriert, aber dennoch hat sich Bolle ganz köstlich amüsiert.

Es fing schon an zu tagen, das Hemd war ohne Kragen, das Nasenbein zerknickt, das linke Auge fehlte, das rechte marmoriert, aber dennoch hat sich Bolle ganz köstlich amüsiert.

Zu Hause angekommen, da ging's ihm aber schlecht, da hat ihn seine Olle ganz mörderisch verdrescht, 'ne volle halbe Stunde hat sie auf ihm poliert, aber dennoch hat sich Bolle ganz köstlich amüsiert.

Ein Steckenpferd zum Geburtstag

Opa Jochen hatte für seinen Enkelsohn ein Steckenpferd gebaut. Mit einem fein geschnitzten Kopf, den er schön angemalt hatte. Der Kopf steckte auf einem langen Stecken und darum heißt es Steckenpferd. An einem Freitag war das Steckenpferd fertig geworden. Es sah wirklich schön aus, und Opa Jochen konnte es kaum erwarten, seinem Enkelsohn dieses Steckenpferd zu schenken.

Endlich war es soweit. Sein Enkelsohn hatte Geburtstag und wurde fünf Jahre alt. Genau das richtige Alter für ein Steckenpferd. Der Kleine freute sich riesig und stieg gleich auf.

„Opa, spielst du mit mir und dem Steckenpferd?“, rief der Kleine ganz begeistert.

Opa Jochen überlegte und runzelte dabei die Stirn. Mmh, wie sollte man jetzt zu zweit damit spielen? Da kam ihm eine Idee.

Opa Jochen meinte: „Lass uns in den Garten gehen. Dort ist viel Platz und die Sonne scheint so schön.“

Opa und Enkelkind gingen hinaus in den Garten. „Und jetzt?“, fragte sein Enkelkind.

„Jetzt erzähle ich dir eine Geschichte von einem Cowboy und seinem Pferd. Und du machst genau das, was ich dir erzähle. Also höre gut zu. Der Cowboy Jim steigt auf sein treues Pferd.“

Opa Jochens Enkelkind stieg auf das Steckenpferd. Als er saß, erzählte der Opa weiter: „Der Cowboy Jim reitet los. Schneller und schneller reitet er. Über Felder und Wiesen, durch Täler und über Berge. Doch plötzlich bleibt sein Rösslein stehen. Es ist müde und hungrig. Der Cowboy steigt vom Pferd.“

Nun stieg Opa Jochens Enkelsohn vom Steckenpferd. Bisher hat er alles mitgemacht. Der Kleine ist wild über die Wiesen und Felder geritten. Das heißt, eigentlich nur durch den Garten.

Dann erzählte der Opa weiter: „Der Cowboy kehrt in eine Wirtsstube ein. Dort bestellt er Suppe für sich und Heu für sein Pferd. Erst isst er die Suppe, dann füttert er sein Pferd. Als beide gestärkt sind, steigt er wieder aufs Pferd. Hühü und im schnellen Tempo geht es wieder nach Hause. Über Felder und Wiesen. Er hält noch beim Schmied an, weil sein Pferd neue Hufe braucht. Der Cowboy nagelt selbst die vier neuen Hufe an. Dann geht es heim. Im wilden Ritt, denn sein Pferd will in den Stall und schlafen.“

„Das war aber schön“, rief Opa Jochens Enkelsohn. „Jetzt bist du dran, Opa. Steig auf und höre zu. Ich erzähle jetzt eine Geschichte.“

Opa Jochen stieg auf das Steckenpferd, musste dabei etwas grinsen, weil er ja viel zu groß dafür war und das Spiel begann von vorne.

Spuren im Wald

Es war Heiligabend. Seit Tagen schneite es dicke Flocken. Die Tannen im Wald trugen ein weißes Kleid und ihre Äste bogen sich unter der dicken Schneelast. Es waren noch einige Stunden Zeit bis zur Bescherung. Und damit die Zeit nicht ganz so lang wurde, beschlossen Lena und Thomas, in den Wald zu laufen. Die Tiere waren hungrig und brauchten dringend frisches Futter. Lena und Thomas füllten ihre Rucksäcke mit Kastanien, Erdnüssen und Haferflocken. Außerdem klemmte sich jeder noch ein Bündel Heu unter den Arm. Schwer bepackt stapften sie durch den hohen Schnee. Es war nicht weit bis zum Wald.

Auf den Tannenzweigen saßen die Meisen und piepsten und ziepten aufgeregt. Sie flatterten von Ast zu Ast, so dass der Schnee herunterrieselte.

Lena sagte: „Die warten schon auf die Haferflocken und die Erdnüsse."

Unter einer großen Tanne lag nicht so viel Schnee. Dort streuten Lena und Thomas das Vogelfutter aus. Dann stapften sie weiter. Dabei versanken sie bei jedem Schritt bis zu den Knöcheln im Schnee.

„Schau mal hier", flüsterte Thomas, „hier sind kleine Tritte."

„Das sind Rehspuren und dort drüben steht die Raufe. Sie ist leer", meinte Lena leise. Sie wollten keine Tiere erschrecken, daher flüsterten sie. Schnell füllten sie das Heu ein und streuten Kastanien aus. Dann machten sie sich auf den Heimweg. Die Sonne blinzelte durch die Wolken. Der Schnee glitzerte im Sonnenlicht. Auf einer Lichtung blieben sie stehen.

„Schau mal", flüsterte Lena, „da sind Spuren, die vorhin noch nicht da waren." Tatsächlich waren da Schlittenspuren. Und etwas glitzerte golden im Schnee. Lena bückte sich und hob ein goldenes Fädchen auf.

„Das Christkind ist hierher gefahren", sagte sie ganz leise.

„Lass uns schnell nach Hause gehen. Vielleicht war es schon bei uns", meinte Thomas.

„Schade, dass wir das Christkind nicht gesehen haben", meinte Lena und hätte am liebsten nach dem Christkind gesucht. Doch bald würde es dunkel werden. Und so stapften sie durch den hohen Schnee wieder nach Hause.

Es war Heiligabend und alles war geheimnisvoll still im Wald.

Der Pfefferkuchenmann

Jedes Jahr zur Weihnachtszeit backte der Bäcker Pfefferkuchenmänner. Die legte er dann ins Schaufenster. Viele Leute sahen die Pfefferkuchenmänner, staunten und kauften sich einen. Einmal hatte der Bäcker etwas Zeit. Und in dieser Zeit backte er einen besonders großen, mächtigen Pfefferkuchenmann. Er verzierte ihn mit buntem Zuckerguss, Rosinen und Mandeln. Es war ein prächtiger Pfefferkuchenmann, der zum Anbeißen lecker aussah. Dem Bäcker gefiel der Pfefferkuchenmann, und er nahm ihn selbst mit nach Hause. Er würde sich gut zum Weihnachtsfest auf dem Kaffeetisch machen. Seine Frau, die Traudel, bewunderte den Pfefferkuchenmann als erste.

„Oh, ist der aber schön und so bunt. Und sooo groß“, rief sie begeistert.

Sie strich vorsichtig mit dem Zeigefinger über den Hut des Pfefferkuchenmannes. Dann über die Rosinen, die sein Herz sein sollten. Dann über den bunten Zuckerguss der Augen und der Nase. Dann leckte sie an ihrem Zeigefinger und meinte genießerisch: „Mmh, lecker!“

Am Nachmittag bewunderten die Kinder den Pfefferkuchenmann. Doch, oh weh, noch ehe der Bäcker etwas sagen konnte, hatte der Jüngste ein Stück vom Hut abgebrochen. Schwupps war es im Mund. Der Jüngste schmatzte vor Vergnügen.

In der Nacht schlich sich seine Frau zum Pfefferkuchenmann. Sie biss ihm ein Stück von der Seite heraus, genau dort, wo das Rosinenherz war. Mmh! Dann aß sie noch den linken Schuh und weil es so lecker war, aß sie schließlich das ganze linke Bein.

Der arme Pfefferkuchenmann.

Etwas später fehlten dem Pfefferkuchenmann noch die Nase und der rechte Arm. Diesmal war es der älteste Sohn, den es in der Nacht zum Pfefferkuchenmann getrieben hatte. Am Morgen war der Pfefferkuchenmann ganz verstümmelt. Der Bäcker war sehr erschrocken.

Doch er beruhigte sich wieder und meinte: „So lassen wir ihn uns zum Frühstück schmecken. Ich backe uns zum Weihnachtsfest einen neuen Pfefferkuchenmann. Einen noch schöneren und noch größeren.“

Das gefiel allen, und so ließen sie sich den Pfefferkuchenmann schmecken.

Und pünktlich zum Fest lag ein neuer, prächtiger Pfefferkuchenmann auf dem Teller.

Armes Christkind

„Denkt euch nur, ich habe das Christkind gesehen", erzählte die Großmutter. Die Kinder Martin und Monika bekamen große Augen. Die Münder standen ihnen offen vor Staunen. „Wo hast du das Christkind gesehen?", wollten sie wissen.

„Es stand gestern Nachmittag um vier Uhr vor meiner Tür", sagte die Großmutter schmunzelnd.

„Oh! Und dann?", fragten die Kinder neugierig. Sie waren so gespannt, denn wer wollte das Christkind nicht sehen. Die Großmutter rückte sich ein wenig im Sessel zurecht, damit sie bequemer saß. Martin und Monika saßen rechts und links auf den Sessellehnen.

Die Großmutter erzählte weiter: „Das Christkind stand frierend, in seinem kurzen Kleid, vor meiner Tür. Sein Näschen war ganz rot. Es fragte mich, ob es sich ein wenig aufwärmen könnte. Ich setzte es an den warmen Ofen und brachte ihm heißen Kakao. Und weil es dann aber immer noch fror, gab ich ihm noch eine Decke. Das Christkind erzählte mir, dass sein Schlitten so vollgepackt war mit Spielzeug, Geschenken, Nüssen und Lebkuchen, dass es selbst keinen Platz mehr hatte. Es musste auf einer Puppenstube sitzen. So passierte es, dass es vom Schlitten fiel und in den kalten Schnee purzelte. Gerade, als es aus dem Wald kam. Dann musste das Christkind den schweren Schlitten ziehen. Bei mir hat es dann seine Reise unterbrochen."

„Wie sieht das Christkind aus?", fragten die Kinder.

„Das darf ich nicht verraten", sagte die Großmutter geheimnisvoll.

„Und wie hat es das Christkind geschafft, die Geschenke zu verteilen?", wollten die Kinder wissen.

„Es hat sich bei mir mit Keksen gestärkt. Ich habe ihm noch ein warmes Mützchen und einen Schal geschenkt. So konnte es seine Reise fortsetzen, und alle Kinder haben ihre Geschenke bekommen", sagte die Großmutter.

„Armes Christkind, es hat so viel Arbeit", meinten Monika und Martin.

Da lachte die Großmutter und sagte: „Dem Christkind bereitet es große Freude, die Geschenke zu verteilen. Und als der Schlitten dann etwas leichter war, war die Fahrt auch nicht mehr so schwer. Schaut mal her, das hat das Christkind für euch dagelassen!"

Monika bekam einen Teddy und Martin ein Spielzeugauto. Da war die Freude groß.

Mittwochs kommt der Klüngelskerl

Einmal in der Woche fuhr der Klüngelskerl durch unsere Straße. Immer am Mittwoch. Wir Kinder warteten schon auf ihn. Es war immer ein großer Spaß für uns. Die lustige Flötenmusik kündigte ihn regelmäßig an. Er fuhr dann ganz langsam durch unsere Straße und wir Kinder sprangen neben dem Auto her. Was der alles für tolle Sachen darauf hatte. Alte Öfen, ausgediente Fahrräder, rostige Rohre, Eisen und Metallstücke und manchmal auch Lumpen und alte Schuhe.

Wir Kinder sangen dann immer: „Lumpen, Knochen, Eisen und Papier, ausgeschlagene Zähne sammeln wir, Lumpen, Knochen, Eisen und Papier, ja, das sammeln wir."

Ab und an hielt er. Dann hatte jemand etwas abzugeben. Ich wäre gerne mal auf den Wagen gestiegen und eine Runde mitgefahren. Einmal hatte mein Vater auch etwas für den Klüngelskerl. Es war unser alter Küchenofen, der noch mit Kohle beheizt wurde. Inzwischen hatten aber die Elektroöfen Einzug gehalten und bei uns in der Küche stand auch so ein moderner Ofen. Jetzt brauchten wir keine Kohle mehr aus dem Keller schleppen. Der neue Ofen heizte mit Strom. Man brauchte nur noch einen Schalter umdrehen und die Platten wurden heiß.

Es war Mittwoch und am Flötenspiel konnten wir hören, dass der Klüngelskerl kam. Mein Vater winkte ihm und der Klüngelskerl hielt an. Der alte Ofen war sehr schwer und ich durfte mitanpacken. Gemeinsam mit dem Klüngelskerl hoben mein Vater und ich den alten Küchenherd auf den Wagen. Vater bekam einige Groschen für den Ofen. Jetzt war ich endlich mal oben, oben auf dem Wagen. Ich sah mich um. Tolle Sachen lagen hier, da hätte man sicher noch etwas Schönes draus bauen können. Vorsichtig und ganz höflich fragte ich den Klüngelskerl, ob ich ein Stück mitfahren dürfte. Ich durfte.

Alle anderen Kinder guckten mich neidisch an. Ich winkte. Ich fuhr und fuhr und vergaß die Zeit dabei. Ab und zu half ich dem Klüngelskerl beim Aufladen. Das gefiel dem Klüngelskerl, hatte er doch so weniger Arbeit. Plötzlich hielt der Wagen an und der Klüngelskerl meinte, dass ich nun aussteigen müsste. Ups, ich war ganz schön weit weg von zu Hause.

Zu Fuß machte ich mich auf den Heimweg. Und der dauerte eine ganze Stunde. Aber das war mir egal, dafür hatte ich ein schönes Erlebnis gehabt. Morgen würde ich es den Freunden erzählen.

Ein Fläschchen Parfüm

Die Goldene Hochzeit feiert man nur einmal im Leben. Fünfzig Ehejahre, das ist schon eine tolle Leistung. Und wenn man kann, sollte man das ruhig gebührend feiern. Bei Rudolf und Helene war allerdings das Geld sehr knapp. Man kam gerade so über die Runden. Mal ein paar Pfennige an die Seite legen, lag da nicht drin. Doch nun stand bei ihnen die Goldene Hochzeit vor der Tür, und Helene war traurig, dass sie sich nichts schenken konnten.

Rudolf aber wusste, dass sich Helene schon lange ein Fläschchen Parfüm wünschte. Immer wenn sie an dem Drogeriemarkt vorbeikamen, blieb Helene stehen. Wie gerne hätte sie auch so etwas gehabt. Da gab es Lavendelparfüm, Parfüm mit edlem Rosenduft, Veilchenparfüm und seit Neustem gab es Tosca. Helene seufzte jedes Mal, wenn sie die Preise sah.

Rudolf wollte seiner Frau gerne diesen Wunsch erfüllen. Aber wie? Da hatte er eine Idee. Eines Tages ging er los und verkaufte heimlich seine kleine Briefmarkensammlung. Das brachte zwar keinen großen Reichtum ein, aber für ein Fläschchen Parfüm würde es reichen.

Zwei Tage vor der Goldenen Hochzeit ging er in die Drogerie. Eine freundliche Verkäuferin beriet ihn. Rudolf musste proberiechen. Ihm wurde ganz schwindelig von all den Düften. Das Geld reichte für ein Fläschchen Tosca. Es roch gut und er kaufte es. Die Verkäuferin packte es nett ein und Rudolf versteckte es in der Innentasche seiner Jacke.

Am Tag der Goldenen Hochzeit übergab er seiner Frau das Geschenk. Helene war überwältigt, sie fiel ihrem Rudolf um den Hals. Dann rollten die Freudentränen, sie war so glücklich. Helene holte eine Torte aus dem Kühlschrank. Sie hatte heimlich gebacken, obwohl das Haushaltsgeld knapp war. Rudolfs Lieblingstorte, eine Buttercremetorte. So bekam auch er ein Geschenk. Und mit echtem Bohnenkaffee dazu war der Nachmittag ein kleines Fest für die beiden.

Verlagsinformation

Wir bieten neben bekannten und prominenten Autoren auch für noch unbekannte Erst-Autoren die ideale Plattform für Buchveröffentlichungen. Thematisch setzt sich der Verlag kaum Grenzen. Es werden sowohl von bekannten als auch unbekannten Autoren Bücher verschiedenster Themen veröffentlicht. Damit trägt der Verlag zu einer Bereicherung auf dem Literaturmarkt bei, kann so ein breites lesebegeistertes Publikum ansprechen und gibt damit den Autoren eine optimale und wirtschaftliche Lösung zur Veröffentlichung ihrer Buchmanuskripte. Ein Vorteil für die Buchautoren besteht unter anderem darin, dass Bücher, je nach Auflagenhöhe, im Verfahren „Book on Demand" (Digitaldruck) oder – bei höheren Auflagen – im Offsetdruck hergestellt und veröffentlicht werden können.

www.JoyEdition.de

Joy Edition · H. Harfensteller
Gottlob-Armbrust-Str. 7 · D-71296 Heimsheim
Telefon 07033 306265 oder 306263
Fax 07033 3827 · Hotline 0171 3619286
info@joyedition.de